새벽별을 보다

김동주 시집

【시인의 말】

시집을 내면서

　존재하는 건 늘 갈구한다는 말이 있더군요. 맑은 눈 크게 뜨고 세상의 격랑 속을 헤치면서 숨을 쉬고 사고하며 관조하는 모든 건 살아있음의 특권이겠지요.
　갓난쟁이도 갓 태어나 눈도 뜨지 못하면서도 앙증맞은 두 손을 입으로 구겨 넣고, 배밀이 시작하면 눈에 띄고 손에 잡히는 모든 것은 입으로 가져가는 행위를 합니다. 가르치지 않아도 엄숙한 생명 유지의 거스를 수 없는 본능입니다. 아무 데서나 아무거나 생각대로 끄적이고 쓰고 싶은 욕구의 날들. 그건 제 본능이었습니다.
　그래서 운문(시와 시조, 동시), 산문(수필), 표어 등을 응모하여 선택되는 행운과 입상의 기회도 있었고, 또한 등단의 과정을 거쳤지만 늘 주변인으로 스스로 모자란다는 자책이었습니다.
　예술은 모방에서 출발한다는데 아직도 그 근처에서 서성대는 시간 속의 '나'를 찾고 싶은 거지요. 부족함을 격려해 주신 예인문화사 대표 김종대 시인께 감사드립니다. 늦었지만 더 늦기 전에 한 권의 책으로 엮었습니다.

2023년 6월 ·· 가는골 김동주

차 례

■ 시집을 내면서 _ 3

■ 제1부 새벽 항구

°산으로 바다가 올라온다 _ 11
°새벽 항구 _ 12
°벼랑 _ 14
°귀천歸天 _ 16
°개소리犬聲 _ 17
°그해 여름 _ 18
°공중전화 _ 20
°겨울 은행잎 _ 22
°공짜에 대하여 _ 23
°균형자 _ 24
°도시 산골 이야기 _ 26
°기고만장氣高萬丈 _ 28
°눈뜬 장님 _ 29
°늙음의 미학 _ 30
°다른 것과 틀린 것 _ 32
°달력을 바꾸며 _ 33
°명함 소고名銜 小考 _ 34
°주먹밥 _ 36
°지하 주차장 소고小考 _ 37
°하구언 모래톱 _ 38
°몰운대에서 _ 39
°시인되기 _ 40

제2부 유년의 강

- 추석 아침 _ 43
- 먼 외출 _ 44
- 나도 그땐 그랬다 _ 46
- 낙원樂園 _ 48
- 도시의 산 _ 49
- 반딧불이 _ 50
- 백세시대 _ 51
- 봄날 부전시장 _ 52
- 새벽별을 보다 _ 53
- 소牛 _ 54
- 아버지의 뜰 _ 55
- 아버지의 집 _ 56
- 엄마, 어머니 _ 58
- 어머니 나의 어머니 _ 60
- 이별離別 _ 61
- 요양 병동에서 _ 62
- 유년의 강 _ 64
- 회귀回歸 _ 65
- 양월陽月 - 옛 집터 _ 66
- 집성촌 고향의 풍경 _ 68

제3부 맥문동

- 동백꽃 지다 _ 71
- 벚꽃 피던 날 _ 72
- 그리움의 의미 _ 73
- 기다림의 시간·1 _ 74
- 꽃의 일생 _ 75
- 맥문동麥門冬 _ 76
- 목련꽃 지다 _ 77
- 밤꽃 피는 날에 _ 78
- 비 내리는 날 _ 80
- 뿌리 _ 81
- 봄의 정원에서 _ 82
- 살아가면서 _ 83
- 세상을 살면서 _ 84
- 여정 _ 85
- 안개 낀 아침 _ 86
- 저무는 날 _ 88
- 햇살 좋은 날 _ 89
- 후회 _ 90
- 존재의 끝 _ 91
- 그리움 하나 _ 92

제4부 가을인가 했는데

- 4월의 눈 _ 95
- 9월 어느 날 _ 96
- 태풍 전야 _ 97
- 가을인가 했는데 _ 98
- 마음 하나 _ 99
- 가슴 예찬 _ 100
- 봄 향기 _ 101
- 마음 기우는 날 _ 102
- 강은 언제나 _ 103
- 겨울비 내리다 _ 104
- 시간 속의 계절 _ 105
- 그리움 둘 _ 106
- 기다림의 시간 · 2 _ 108
- 도시인의 삶 _ 109
- 봄 이야기 _ 110
- 비우는 삶 _ 111
- 살아가는 법 _ 112
- 이별離別 _ 114
- 착각 _ 115
- 후회 · 2 _ 116

제5부 사랑하며 살아가기

- 내 하나의 그리움 _ 119
- 폭염 속 입추 _ 120
- 이별 순간 _ 121
- 허심虛心 _ 122
- 떠난 뒤 남는 것 _ 123
- 섣달 끝날 단상斷想 _ 124
- 한순간 _ 125
- 가을 보다 _ 126
- 강물은 _ 127
- 겨울비 내리는 아침 _ 128
- 계절 속에서 _ 129
- 그리움 두고 가다 _ 130
- 비 내리는 날 _ 132
- 사랑하며 살아가기 _ 133
- 삶 속에서 _ 134
- 잊혀 사라진 것 _ 136
- 침묵하는 것들 _ 137
- 그건 그리움 때문이다 _ 138
- 산을 위한 기도 _ 139
- 신의 저주 _ 140

시인의 시를 만나면 _ 141

1부

새벽 항구

산으로 바다가 올라온다

수평선 끝머리쯤에서
오늘을 밝히는 해를 안고
바다는 기를 쓰며 산으로 오른다

하얀 파도는 구름에 가려 있고
어디로 가는지도 모르는 바람은
광안대교 난간에 머리 박으며
소리를 지르고 손을 내민다

바다 소금기가 끈적댄다
구름을 헤치고 나온 해가
광안리 앞 해안을 환하게 밝히면
사람들은 길을 나선다
회색빛 건물의 창문에 부딪힌
햇살을 받으며 길을 가고 있다

바다는 산을 향해 손짓한다
올라오지 못하는 안타까움
햇살 비추어 산을 밝히며
그림자 하나 길게 끄는 아침이
그리움 하나를 비춘다

새벽 항구

등대의 피곤한 목놀림으로
어촌에 번지는 아름다운 정
헤아릴 수 없는 사랑으로
아빠는 그물을 챙기는데

뒤뜰 장독대 위에 올려진
엄마의 정성 한 그릇
공간 속을 회유하는 작은 그곳은
동해의 가없는 수면이다

와르르 쏟아진 별들은
그 심연에 부딪히는 애련한 정
천진한 꿈속에서 생동하는
아들놈의 홍조 띤 두 뺨을 쓸어내리고
합장하는 엄마의 손바닥에 해풍이 인다

청신한 여인의 머리칼 같은
해풍 사이로
속삭이는 해조음 소리
은파가 조요로운 이 시간에
텁텁한 막걸리 한 사발

따끈한 해장국은
아내의 부드러운 손길이어라

풍요한 수확과 무사한 귀항을 위해
정화수 한 그릇에 조아리는
뽀얗도록 애틋한 진실이여

아직 어둠이 성성한 시간인데
포구에 와 닿는 물결은
송가에 빼앗긴 마음처럼 떨리는 손길일까
지금은 사라진 얼굴들을 기억하는
여인의 얇은 맘 사이로
아이들의 새근대는 숨소리

뱃고동 소리가 새벽잠을 깨운다
질서를 흩트린다

* 1976년 〈전우신문〉 당선작

벼랑

문득
위엄으로 돋보이는
너의 우람한 모습을 보고부터
생성하는 진리를 터득한다

태고의 그윽한 신화를
심연 깊이 간직하고
항시
기도하는 모습

무언과 침묵으로 도사려온
너는
수줍은 새색시의 상기된 두 볼 인양
운무 속에 찬연하다

수수거리는 바람과
순환하는 계절 위에
붉게 혹은 푸르름으로
지속해 온
너의
변화 심한 몸매는

창공이 높다 않고
청수 흐르는 개울가로
장엄하게 주저앉아

나에게는
항시
그리움의 사연으로 화하는
목마른 모습이여!

* 1970년 10월 9일 한글날 (경남학생백일장) 장원 작품

귀천歸天

국화의 진한 향이 천지를 적시는 날
청명한 하늘에서 소나기 지난 뒤에
전화선 저 피안에서 어머니의 귀천 소식

받아든 검정 상복 눈물이 어렸는데
묵묵한 상조 직원 부처의 모습이다
성글은 삼베옷 한 벌 곱게 입은 어머니

크시던 어머니가 몸담은 작은 상자
부드러운 한 줌 가루 옥가루가 되셨는데
가을이 깊어진 새벽 배웅하는 별 하나

내 품에 안기셔서 귀천 길 떠나시며
늦가을 매운바람 내 아들 감기 들라
따끈한 열기를 내어 자식 몸을 데운다

* 화장한 어머니의 봉안함을 안고 갈 때 열기가 식지 않아서 너무 따뜻한 어머니의 마지막 길이었습니다.

개소리 犬聲

하루의 삶을 가슴에 품어 안고
더 나은 내일을 위한 짧은 휴식
단잠에 빠진 새벽 한 시쯤
고층아파트 창으로 스며든
달빛이 너무 고와 눈 떴을까

잠 깬 견공犬公 한 마리
달 보고 짓는 건지
견몽犬夢 꾸고서 가위눌렸는지
쉴 새 없이 짖어댄다

눈치코치도 없이 단잠을 깨운다
창마다 켜진 LED 불빛
창 열고 내다보는 올망졸망한 사람

매일 보거나 한 번씩 보면서도
서로를 모르는 이웃
못난이 인형이 되어버린
오백 세대 이웃 사람들
속으로 불만 재우며 창 닫는다

그해 여름

올해 봄은 늦은 햇살로 가득하고
비가 오지 않아 메마른 산과 들엔
가시보다 더 날카로운 햇살이
우리 이마를 찔러대고 있는데
모내기 앞둔 시골 하늘만 쳐다볼까

밀양시 부북면에서 애태우는 산불이
세상을 더 뜨겁게 만들고
내 십 대 초반 길고 긴 가뭄이 생각난다
평소 내 허리까지 오던 덕천강물
발목에도 오지 않고
뜨거운 자갈은 용암처럼 벌겋게 익어 있다

물고기는 증발하는 물기를 따라가지 못하고
돌아보면 방금 물 있던 자리였는데
뜨거운 자갈에서 팔딱이는 안타까운 모습
그대로 주워 담으면 되는 고기잡이 치고는
세상 편한 거라고
푸르고 아늑하던 덕천강은
물 없는 강이 되어
허연 자갈돌 배 드러내고 누워있었지

또 그 가뭄 다시 올까 두렵네
그해 늦은 봄도 올해 늦은 봄도
비가 오지 않는 잘 익은 햇살과의 전쟁이네

자연을 이기려는 경망스러운
인간에 대한 경고가 산불이고
코로나고 원숭이두창 아닐까
아니면 성경 말씀대로
금세기 말 지구 종말 온다는 예언 있다는데
그 전조 현상일까

공중전화

그리운 목마름 달래주던 곳
흐르는 시간의 물결 거리에 넘쳐가고
동전을 밀어 넣고
규격화된 시간 단 삼 분

조급한 눈길을 하고 줄지어 선 인파들
눈앞에 서성이는 얼굴 하나에
한마디 소식이라도 전하려고
시공 초월하며 기다리고 있었는데
네모진 부스 속 전화기 어디로들 갔을까

유통기한 한참 지난 음식물처럼
용도 폐기 되었을까
손안의 스마트폰을 들고
동영상 찍고 카톡 퍼 나르며

우주를 통해 지구 반대편과 이야기 주고받고
세상일 처리하는 지구촌
어디라도 옆집이 된 오늘
그런 세상 속에 살아가는 우리
그런데도 여전히 목마르다

구구절절 사연들 넘치던 공중전화가
어느 날부터인가
하나둘 사라져도 모른다
하염없이 긴 줄 속에 기다리던 그 전화가
그렇게 사라지고 잊혀 우리 곁을 떠나도
우리는 모른다

겨울 은행잎

기다림에 지쳐 노랗게 탄 가슴
앙상한 가지에 매달린 은행잎
바람을 맞고 있다

갈 때를 잊고 멈칫거릴 때
불쑥 찾아온 겨울바람
목덜미 후벼파 나르는 잎새들

바스락대는 잎은
앞마당을 나는 나비 떼로
그리운 사람을 향한 날갯짓이다

기다림 속에도 시간은 흘러
바람 타고 올라 하늘 끝까지 가려는지
짧아진 햇살 속을 가르다
텅 빈 가슴속 파고드는 겨울 은행잎

지쳐버린 시간이
선하품 하는 동지섣달
마음이 괜스레 바쁘다

공짜에 대하여

사람들이 살아가면서 아는
불변의 철칙 하나
공짜는 없는 법
이건 영원한 진리여서
주는 대로 넙죽넙죽 받아먹다
뾰족한 낚시보다 더한 코걸이에 걸리는 것

후회해 본들 물 건너간 과욕의 부산물
피땀으로 모은 돈 너에게 줄 때
조건 없이 준다고 생각했다면
그건 하늘 아래 제일 바보

자연도 공짜 없는 법이어서
예쁜 꽃 피워서 세상 밝혀 주고
푸른 잎 피워서 그늘 만들어 주고
가을이면 열매들 키워 나눠주는 나무들
그러나 자연은 수틀리면 천지를 엎어버린다

세상 진리는 절대 공짜 없는 법
알면서도 잊고 사는 우둔한 인간 무리
마음을 비우고
이슬처럼 사는 날 언제쯤일까

균형자

여기도 저기도 아니고
저울추처럼 중심에 서 있는 사람

세상 어지러워 두서없는 사람들
방향 감각 상실하고
동서남북으로 헤맬 때
우리 앞에 나타난 단 하나 이정표같이
갈 길 알려주는 등대 같은 사람

길거리 흔해 빠진 돌멩이처럼
흔하디 흔한 사람이긴 하지만
공정을 생명으로 아는 사람
어디든지 치우치지 않고
공평한 마음 하나로 중심에 선 사람

이런 사람이 많아야 하는데
길거리에는 포식자의 얄궂은 눈을 하고
사람 훑어보는 모리배 저 모습
세상이 추해진다

이럴 때 여기도 아니고
저럴 때 저기도 아니고

저울추처럼 중심을 지키는 사람
이러한 사람이 많아져야
세상이 밝아질 텐데

도시 산골 이야기

도심지 저변으로 돌고 돌아
황령산 골짜기 후미진 계곡 속 날개 접고서
둥지 마련한 우리 이웃들

도시 산을 타고 내려서는 계곡
그 틈 비집고 들어가 기둥 세웠다
새들 노래하고 철 따라 피던 산 꽃들
천상 낙원 만들었고

어느 날 도심에서 분 매캐한 냄새
천혜 골짜기를 적시며 다가와서는
거대한 손길 둥지를 허문다
몇 푼 보상비 두 손으로 받아들고
이제 어디로 떠났을까

숲은 깎여 흙더미 드러내고
요란한 기계음이 택지를 조성한다
얼마쯤 지나자 거대한 아파트 단지
푸른 도시의 심장 황령산 가리겠지
그때가 되면 사람들은 산을 보지 못해
눈이 아프고 숨 막힐 거야

엄청난 모순의 세계가 실제 존재하며
수십 년 수풀 사정없이 베어내고
천혜의 산 깎은 자리에
시멘트 흉측한 건물 하늘을 가리는 게
개발이고 발전인가
사람들은 어디로 갔을까
산속 나무들 어디로 갔을까
도시를 떠돌던 주변인
이웃은 또 어디로 갔을까

기고만장 氣高萬丈

지금 하늘 찌르는 권세 원래 있었나
우연히 운명으로 다가온 영광도
서푼짜리 권력으로 세상 떠날 것을
세상이 숨죽이기는 하지만 권불십년이라고
누구는 이십 년, 백 년 세월 동안
달콤함 누리겠다고 쉰 소리 냈지만
세상은 나 위주로 존재하진 않는 것이어서

부글대는 마음 억지로 추스르며
부릅뜬 눈으로 너희를 보고 있다
억지로 얻은 영광 찰나일 뿐이어서
언젠가 부메랑으로 되돌아올 달콤함
반칙으로 세상을 살면서도
지금 제일인 척하는 사람들
근거 없는 억측 때문에 영어의 몸
어둠 속에 갇힌 사람도 있는데 모두 잊고 있다

얻어 걸친 권세 언젠가는 내려놓고
땅 위 사람으로 살아갈 것인데
그것조차 모르는 어리석은 사람들
공정을 수첩 속에다 잠재우고 있다

눈뜬 장님

눈 감고 떠도 세상은 암흑이다
모두가 보이면서도
모두가 보이지 않는 암흑이다

게걸스러운 욕망의 굴레 쓰고
모든 걸 보면서도 못 본 채 피하고 있다
피붙이도 친구도 아니 부모 형제도
한 점 소유의 욕망 앞에 양보란 없다

속삭이는 악마의 부름에
비로소 눈 뜨고 세상 둘러본다
마魔의 미소에 홀린 우리

가짐도 늙고 병이 들면
한갓 거추장스러운 휴지가 될 텐데
혈육 간에 전錢의 전쟁 벌일 텐데

차라리 눈을 감자
너희들이야 쪄 먹든 볶아 먹던
나야 눈 뜨고 있지만
그저 눈앞은 캄캄한 오밤중이니까

늙음의 미학

늙는다는 건
지나온 일상과 헤어지는 것
바늘귀 척척 끼던 눈과
먼 데서 속삭이는 소리 듣던 귀도
강철같던 관절과 현명하던 기억마저

늙는다는 건
가까운 이와 이별하는 것
낳아주고 길러주신 부모님과
낳아서 길러준 내 자식과
피를 나눈 혈육과 친척들
앞서거니 뒤서거니 떠나는 친구마저

늙는다는 건
가진 것 모두 소용없어지는 것
고대광실 저택도
농 밑에서 썩어가는 현금다발도
번쩍대는 귀금속마저

늙는다는 건
평생 같이해 온 반려자 하나와

돌봐주는 간병인 한 명과
환자용 침대 하나면 충분할 것을

늙어가고 늙었을 땐
영원과의 이별 준비하는 것
모든 게 헛되다는 걸 알게 되는 것

다른 것과 틀린 것

엄연히 다른데도 사람들이 혼동하는 말 있다
다르다는 것과 틀리다는 것

우리는 다르다
성별도 다르고 고향도 다르며
살아온 과정도 다른데도
어울리며 살아가는 영리함 가졌지만
이건 영원히 다른 것으로만 존재한다

세상 모든 건 각자 태어날 때부터
다른 건 당연한 것
네 생각과 내 생각이 틀릴 수 있지만
다르지는 않다
다르다면 그것은 영원한 물과 기름

틀린 것은 방향 전환하던지 고치면 되지만
다른 것은 다르므로 동화되기 어렵다

다양성이 산재한 현대사회
모든 걸 이해하고 포용하면 진정한 우리가 된다
갈수록 복잡하고 이기적이며
남을 배려하지 않는 사회가 될 테니까

달력을 바꾸며

또 하나 역사를 기억 저편으로 넘기며
거울에 비친 나를 본다
롤러코스터처럼 굴곡져 지나간 시간이
옷깃을 붙잡는다

아쉬움이 파도처럼 밀려와서
거울에 부딪혀 흩어지는데
시간 흐르면 계절도 모습 바꾸고
이때쯤 걷어내고 채우는 게 일상이 된다

화려하게 치장한 여인의 뇌살스런 미소와
단아한 모습으로 채색된 우리 명소들
그 속에 나를 가두면
또 하나의 내가 그 속을 걸어 들어간다

창 뚫고 들어오는 아침 해를 향해 두 팔 벌려본다
포근하게 안겨 오는 햇살 편린片鱗이
내 속을 아프게 파고들고

찾아온 시간 어제의 길 따라 제 갈 곳 갈 것이고
따라가는 나 또한 세상 속에 몸담고
나를 동반해 해 뜨는 지평선 너머로 가야겠다

명함 소고 名銜 小考

호주머니 안쪽에서
숨 쉬는 또 하나의 나
나를 농축시켜 글자로 새겼다

어디서 무엇을 하는지
어느 정도 힘쓰는 유지급인지
경제력은 어느 정도인지
내세우는 또 하나의 말 없는 나

빈 수레가 요란하다는 건 만고의 진리
속 찬 수레 묵직할 수밖에 없고
속 빈 수레 촐랑댈 수밖에 없는데

네모진 작은 종이 가득
내세우는 애잔스런 글귀들
화려한 조명 뒤 화장발은 실속이 없는 법
햇살 밝아지면 초라한 모습 되듯이

세상의 중심에 서 있는 사람들
누구나 인정하는 위치의 사람들은
간결한 명함 갖고 있다

요란하지 않아도
소속과 직책 이름과 전화번호
이메일 주소가 전부여도
세상이 인정하는 또 하나의 자신
나를 알리며 여전히 세상 속에 서 있다

주먹밥

생사 갈림길에서 총부리 잡았던 아버지
치열한 전장에서 구사일생 만기 전역하신 뒤
피아 구분 혼미하던 전장도
삶에서는 무의미했지만
제대복에 목총 메고 창원 향토사단에
재훈련 가시던 날

젊은 울 어머니 김정 김에
쌀밥 반 보리밥 반 섞은 밥에다가
참기름 통깨 간장 양념해서
어른 주먹만 한 주먹밥 싸셨단다

동족상잔의 애달픔
어제처럼 기억 남은 그날
진절머리나는 총 메고 훈련을 하셨을 아버지
주먹밥을 싸주시던 울 어머니

이제는 두 분 모두
저 멀리 별나라로 가셨다
그리움 남겨두고 먼 곳 떠나셨다

지하 주차장 소고小考
　- 어느 경비원의 자살

먼 길 돌고 돌다 여기 머무는 사람
화려했던 어제 가슴속에 구겨 넣고
온갖 잡일 하루를 던지는 사람
머슴 종 하인 정도 신분 부여받았다

이기심에 젖어 사람 내려다보는
인간성 제로 외제차주外制車主
습관적 사시斜視의 눈을 가졌다

형광 불빛에 눈 비비며
졸인 마음으로 지켜보는 사람 을乙이다
나는 갑甲이고 너는 을乙이어서
갑 한마디에 경기 일으켜야 하는가

세상에선 을乙이어서 굽실대며 사는 인간이
여기서는 활개 친다, 당당한 갑甲질이다
을乙 따위는 때려 코뼈 부러뜨려도 좋다는
쓰레기 같은 품성의 망나니들 속에서
가슴에 한恨 품고 그렇게 떠났지만
세상은 여전히 어제처럼 돌아간다

하구언 모래톱

그리움을 싣고 하염없이 달려왔다
새벽 파도를 가슴으로 안아주는 여기
밤새운 어선들이 피곤을 내리는 곳

칠백 리 긴 여정 접어야 하는데
가슴에 품고 있는 수많은 사연
잊어야 하는데 잊지 못하고
가슴 저린 수많은 이야기 강심江深에 품고 있다

무한정 세월 속을 헤쳐오면서
안고 온 사연 다대포 강 언덕에 내려놓고
이제 어디로 가는가
기약할 수 없는 무한의 시간 사이에
바다는 전부 품어 안는다
언제라도 이어질 끈을 놓지 않는다

이제 바다에 몸을 섞는다
길고 긴 여정을 마무리하고
바다에 몸을 담는데
바다는 우리가 알게 모르게
파도에다 정을 실어
하구언 모래톱에 이야기를 내리고 있다

몰운대에서

바다가 자꾸 뒤로 밀려난다
하늘 높은 줄만 알고
늘씬하게 버티고 선 고층아파트 사이로
멀리 다대포 바다의 파도가 일렁인다

사람들은 산 허물어 대지 만들고
바다를 밀어낸다
밀려난 바다 위에 육지 만들고
매캐한 공해를 생산한다

바다 한가운데서
세상을 관조하던 몰운대 이제는 육지다
만년 소나무 숲 매연으로 숨 막히고
사람들 부르는 횟집, 해물칼국수 집들
수많은 행락객 무심이 오가는데

밀려난 바다는 몰운대를 육지에 돌려준다
이제는 외롭지 않은 몰운대가
측은한 얼굴을 하고
다대포 모래톱에 얼굴 묻고 있다

시인되기

시인이 되는 건 쉽다
버선목 뒤집듯 나를 뒤집으면
한 편의 시가 된다

내가 너를 만나고
강산이 바뀌고도 한참 만에
얼굴과 소식을 감추고
익숙지 않은 별리別離 앞에서
서성대다 사랑의 난민이 된
사람도 시인이 된다

받을 사람도 보낼 주소도
모르는 사람에게 편지를 쓰다 보면
편지가 다시 서랍 속으로
휴지통으로 잠재우는 시인이 된다

나는 시인이 된다
너는 언젠가 정성스레 읽어줄
유일한 독자가 되어줄까
시인되기 어려운 게 아닌데

2부

유년의 강

추석 아침

들뜬 시장 문 닫고 모두 어디 갔을까
음식 냄새 반찬 냄새
인정 냄새 뒤섞인 주방에선
정 깊은 사람들 손 모은다

거실에 모여 앉은 혈육
사랑을 다독이다 간혹
신경이 곤두서기도 하지만
한 핏줄 애증愛憎 오가는 사이
돌아서면 안타까운 사람
가슴 미어지는 사람들이다

차례상에 모이면 조상님 오실까
간절한 그리움을 품고
술 한 잔 올리고 재배再拜 드리면
애잔한 공경심 마음이 아프다
변하는 세상살이
언제까지 조상 앞에 엎드릴까

창밖에 귀뚜라미 울고
높은 하늘 아래에선
흔들리는 코스모스 익어가는 가을

먼 외출

며칠 남은 추석 대목 부전시장
흔들리는 고물가 정국에도
명절을 지내려는 우리의 이웃들

남에서 올라오는 거대한 손님
힌남노* 위협 속 명절 앞 시장은
먼저 와서들 바쁘다

일요일이라 밀리고 밀린다
부르는 게 값인 제수 물건
예전 삼천 원 시금치의 반 정도가 오천 원

남해산 시금치 더미 옆에서
팔딱 뛰는 청개구리 한 마리
메마른 도심 재래시장 채소 따라
가출한 걸까 세상 구경 외출한 걸까

숲도 나무도 없는 시장 한복판
어딜 간다고 바삐 뛰어가는지
돌아갈 길이나 알고 차비나 있을까
부모 속 썩이는 건 여전하다

사람 발길 넘치는 명절 대목 부전시장
영원한 외출 될까 두렵다
어쩌다 얹혀 온 여행길
청개구리 한 마리

* 힌남노: 태풍의 이름

나도 그땐 그랬다

중국발 코로나19로
세상이 개점휴업일 때
초등학교 신입생 우리 손녀
학급별 입학식 치르자마자
온라인 수업

오전이면 텔레비전 앞에 앉아
화면 속 선생님 지도에 귀 기울이지만
온전히 집중하기 힘든 여덟 살

아직 공부가 뭔지도 모르는 손녀
간혹 등교하는 날이면
호기심으로 입이 귀 걸렸는데

코로나가 기세 숙일 즈음
전일 수업으로 회복되고
매일 학교 가야 하는 어느 날
"학교 가는 날은 시간이 안 가고
집에서 노는 날은 시간이 너무 빨리 가요"

나 일곱 살 때
시골길 십리 길 걸어서 다녔지만
그런 말 몰랐는데
학년 올라가고 상급학교로 갈수록
나도 그랬다

노는 날 번개고
가는 날은 거북이다
나도 그땐 그랬다

낙원樂園

사는 게 뭐 별 건가
신선이 흰 수염 날리고
하얀 비단 도포 입고
이슬만 먹으며 살아야 하는가

봄이면 꽃들 피고
복숭아꽃 지천으로 피어나고
아이들 구김 없이 뛰노는 곳
그곳이 낙원이다

우리네 욕심 가없지만
모든 걸 털어내고
모든 건 내려놓고
제철에 나는 나물로 반찬하고
땅에서 거둔 곡식으로 밥해 먹고

가족과 오순도순 살아가는 곳
이게 낙원이고 무릉도원 아닐까
사는 게 뭐 별 건가
분수대로 살아가면 될 것을

도시의 산

낮 동안 참고 있던 산이 깊은 숨을 내쉰다
어디선가 청량한 바람 한 점 불어와
잎을 흔들면 숲은 파도로 일렁대고

도심 차량이 내뿜은 매캐함에
황홀한 네온 빛들 모습 숨기는데
이마에 불 켜고 어디론가 달려가는 행렬들
둥근 달 하나 구름 뒤에 숨어서 보고 있다

도시는 잠들 줄 모른다
도시의 산도 잠들 줄을 모르고
졸다 깨다 도심지 불빛에 눈 부셔
산속 작은 새도 깊은 잠을 잊는다

도시 소음은 바람을 타고 온다
사람들 살아가는 소리
그래도 산은 봄이면 진달래 곱게 피워
계절을 알려주고
언제나 산은 그 자리에 서서 도심 품어주며
밤이면 별과 달 가슴으로 안고서
전설을 만든다

반딧불이

우주의 작은 별이 내게로 날아와
밤하늘을 유영한다
하늘의 별들과
어둠 성성한 내 작은 텃밭으로
내려앉는 저 화려하고 아름다운 몸짓

살아서 움직이는 증거다
불은 불이되 열이 없는 반딧불이
인간의 이기적인 자연 훼손에
방향 잃고 떠났다가 원점으로 회귀하는
작은 우주의 유연한 날갯짓들

살아있음에 감사한다
한때는 예사롭던 반딧불이
이제는 되돌아 와 감사한 불이다

점점이 어둠 밝히며
공간을 유영하는 뜨겁지 않은 불
반딧불이 내게로 안겨 오고
그리운 모습들 마음에 새기면서
여름날 밤은 그렇게 깊어간다

백세시대

이루지 못할 꿈같은 백세시대가
우리 인류를 찾아온 지금
인생 살 만큼 살아온 오늘은
정년을 맞이하고 세월 죽이는 날들
어디라도 몸 하나 쉴 수 있는 곳이면 좋다
지나가는 시간을 끌어당겨 옆에 앉힌다

아나돌 프린스가
"내가 신이었다면 청춘을 인생 맨 뒤에 두었을 것"
이라고 했다는데 신은 생각이 짧았다
불행히도 청춘은 철없을 때 찾아왔다
그렇게 보낸 뒤 사람들은 청춘 낙엽이 되었다

막연한 이상이었던 장수시대
백 세를 사는 지금의 인류
세상은 회색빛 되어 눈앞 흐릿하다
생명이 있는 건 때가 되면
물려주고 떠나야 하는데
한가한 의술 생명을 엿가락처럼 늘려놓고
무대책 잉여 인간 백 세를 살아간다
소외된 어제의 청춘들
흐린 눈 크게 뜨고 세상 둘러본다

봄날 부전시장*

국철 부전역에서 도시철도 부전역 사이
길게 늘어선 난전 할머니들 봄을 가져온다

거친 손 마디로 봄을 팔고 계신다
두릅 취나물 돌나물 달래 나물
상큼한 봄을 팔고 계신 할머니들

봄은 벌써 와 있었는지 모른다
세상은 계절을 잊었다
하우스는 계절을 만든다
하우스에서 자란 봄은
하늘에서 내려온 봄과 어깨 맞댄다

봄 속에서 방향을 잃었다
아무 때나 봄이면서도 봄이 아닌
국철 부전역에서 도시철도 부전역 사이

할머니들 손 끝에 머무는
우리네 봄

* 부전시장: 부산의 대표적인 재래시장

새벽별을 보다

국화 향이 알싸한 날에도
밤은 오고 있었고
바람 소슬한 날에도
밤은 내 곁에서 졸고 있었다
새벽은 별을 안고 와서는
이슬 속에 내려놓았고

국화 속을 걸어가신
우리 어머니 새벽별 되셨을까
별을 좋아하시던 어머니
시골집 멍석 위에서
어머니 무릎 위로 쏟아지던
황홀한 별들의 향연

별을 보면 어머니가
별을 보며 내어주신 어머니 무릎이 그립다
못내 그리워 두 손 모으면
국화 속을 걸어가신 어머니가 보인다
하늘의 별이 되어 우리를 보실 거야
사무치게 그리운 하늘의 별 되신
어머니
우리 어머니

소牛

호수처럼 깊고 평온한 눈을 하고 세상 둘러본다
그 눈 속으로 세상이 들어선다

몰입하는 감성 저만큼 접어두고
부풀리는 영혼의 깊이만큼
마음속에 잠재워 아낌없이 주고 주는 헌신

작으면 영악하고 산처럼 덩치가 크다면
우직하고 너그러운 성품인 건
조물주의 균형 있는 베풂
악의 없는 눈 속에 감추어진 진실 하나

그 속에는 갈구하는 그리움 있다
깊고 넓은 눈 속에 새겨진 그리움
두고 온 그리움은 속으로 새겨두고
세상 속에 누워있다

간혹 목멘 울음 하나로
그리움을 토해내고
그렇게 살아가다
끝내는 전부 주고 떠나는 운명

아버지의 뜰

넓지 않은 마당 가에
담장 따라 길게 누운 화단
아버지의 화단이다

늦은 봄이면 흐드러진 백합 진한 향이
손수 심은 왕감나무는
가을이면 볼 붉힌 주먹만 한 홍시가
무서리가 내린 뒤엔
탄닌 떫은맛 사라지고
사각사각 달콤함

이제는 키 높인 남강댐의 광활함에
애꿎은 우리 집과
앞으로 뒤로 옆으로 포근했던 고향
반쯤 사라지고
아버지 뜰도 화단도 사라졌다

기억 속 추억과
아픔과 그리움만 남기고
그렇게 사라졌다

아버지의 집

장대 걸치면
이 산 저 산으로 걸쳐지는 산골
고개 넘어온 바람이 서성댄다
햇살 떠날 줄 모르는 산 아래 작은 밭
그 구석진 곳에
아버지의 유택 자리하고 있었다
오백 다섯 평 우리 밭이었다

평생 두고 아끼시던 작은 밭
연세가 인생을 생각할 때쯤
아담한 집 지어 살고 싶다고 하셨는데
생전 소원 풀어드리고 싶어
그 밭에다 유택 마련해 드렸는데
나도 모르게 가슴 친 결과 되었다
알 듯도 하고 모를 듯도 한 깊은 복선 있었을까

우리 밭을 두고
그 밭 구석에 남의 산 아래쪽
영원의 유택 마련하신 것 믿어야 할 어른들
이건 나도 모르는 순 남의 뜻이다
그런데 어른들은 우리 밭이라고 호도했다
아버지 유택을 우리 밭 밖으로 밀쳐 놓고서도

훗날 어머니도 모시고
우리 형제들도 가는 선산 만들고 싶었는데
결국 밭마저 거의 공짜 가깝게 팔도록 했다
1984년 가을쯤 금 40만 원 금액 정해 놓고
505평 양지바른 밭 팔도록 강요했다

어리석고 용기 없는 내가 나를 미워하며
지금 와서 후회로 가슴 쳐 본들
미움은 미움과 증오로 극대화되었고
이럴 바엔 차라리 정든 고향 떠나
국립묘지 호국원에 모셔 드리자
얼굴 알고도 모르는 전우들 누웠으니까
햇살 포근한 건 그 밭이나
호국원이나 마찬가지

엄마, 어머니

엄마 소리만 들어도 눈이 뜨겁다
언제나 꽃 같은 마음으로
살고 싶으셨던 어머니
그러나 고난을 등짐 하며
사셨던 어머니

이팔청춘 이성을 겨우 느낄 나이에
시집오신 그 옛날
혼수 짐 속에 넣어오신 책들
할머니 모진 시집살이에
아궁이 불쏘시개가 되었다는데

평생 논과 밭으로
평생 일곱 소생 뒷바라지에
평생 아버지 안사람으로
평생 며느리로 살아오신 어머니

가정에 충실하신 아버지였지만
농산물 중간상에 열중하셨고
농사일에 별 취미 없으셨던 아버지
집안일 대부분 어머니 몫이었다

팔순하고도 오 년 만에 떠나신 어머니
지금도 어디에서
어머니, 엄마 소리 들으면 눈이 뜨거워진다
생전불효자도 사후 효자 된다는 명언
사후 효자는 무용한 자기 변명이다

어머니 나의 어머니

불사신이라 생각했다
영원히 그 자리 있으면서
지칠 줄 모르고 응석 받아주는 햇살이라 믿었다

생명 있는 건 동물이나 식물이나
언젠가 흙으로 돌아간다는 걸
불혹 나이에도 실감하지 못했다

어느 가을날
국화 향기가 바람 타고 흘러가던 날
내 눈도 맞추지 못하고 혼자 떠나셨다

불사신도 아니었고 언제까지나 희생으로
응석받아주는 천사도 아니었고
먼저 가신 아버지를 가슴에 품으신
작고 나이 많은 여인, 할머니였다

자연 속 시한부로 살아가는 생명
언젠가 떠나야 하는 세상 속의 어머니
국화 향기 맡으며
하얀 국화더미 속에 웃음 하나 남기시고
먼 길 가신 어머니, 나의 어머니

이별離別

창밖에
굵은 비 쏟아지던 날
애달픈 가슴 쓸어내리며
그 사람이 떠나간다

하늘도 울어 비 내렸고
천둥도 번개도 같이 울었다
돌아서는 발걸음도
보내는 마음도 무겁겠지만

가야 하는 그 길 최선이라면
보내야 하는 게 진정이라면
아쉬워도 보내야지
슬퍼도 보내야지

아쉬움으로 울 때
비도 같이 울었다
나도 같이 울었다

요양 병동에서

언젠가 뼈와 살과 혼魂으로 분리될 운명
산맥같이 살아온 삶의 질곡을
논두렁 닮은 고랑 얼굴에다 새겨놓고
오늘은 이별을 준비하는 과정

늘 동반하는 정해진 필연의 운명인데
그걸 잊고 살면서
뼈와 살이 어우러져 세상 속 헤쳐왔다

어느 날 혼魂은 저 산 고개 넘어가고
남겨진 삶의 여운 정적 속에 머무는데
백 세 인생이라는 허망한 내일은 정녕 재앙

회색빛 장작이 된 바짝 마른
몸 하나 온전히 지키지 못하고
한 점 부끄럼도 모른 채 만인의 손길에 맡겨진다
서서히 이별 향해 나아가는 우리네 내일이다

뼈와 살이 분리되기도 전에
멀어지는 혼을 멀거니 보면서도
어쩔 수 없는 형식뿐인 사람이여

사리 분별은 이미 사라졌다
초점 잃은 눈으로 천장 응시하는 건
빛나던 어제를 반추하는가

전부를 상실하면서도
가슴에 품고 있는
어제의 청춘들 모여있는
여기는 생의 마지막 간이역
요양 병동

유년의 강

기억 속의 강은 거울보다 맑았다
끝도 없이 깔려있던
수만 년 역사의 동글한 자갈밭
햇살 튕겨오던 은색 모래밭은
사하라사막보다 광활하고 넓다

사열하듯 서 있던 미루나무 숲
봄에는 새싹이
여름에는 무성한 잎 사이 매미 울음소리
가을이면 낙엽이 그림처럼 드리운다
겨울이면 옷을 벗고
새봄 기다리며 그리움 삼켰고

항시 푸르게 변함없이 흐르던 강
그 모습 그대로 가슴에 남았지만
지금 강은 옛날 그 강이 아니다
빗살무늬 기왓장 지천으로 깔렸던 그 강이 아니다
머리 없는 부처가 지켜 섰던 그 강이 아니다

언제나 기억 속에 남아
유년의 순수함으로 남아있는 강

회귀回歸

고개 돌려보면 지나온 날 파노라마 되어 온다
평탄한 길도 가시덤불 길로 들어가 헤매기도
길 잃고 돌고 돌다 되돌아오기도 했다

젖살 빠진 사춘기 거치면서
올라가는 단계마다 목마름 있게 마련
천방지축天方地軸 이십 대 지나
세상과 마주 서는 삼십 대
조금 노련해지는 불혹 사십 대
생활 고단함을 느끼는 오십 대 지나
모두 자기 아성을 만들어 주고
비로소 가슴 시린 빈둥지 증후군 육십 대 너머
이제 정수리 허전해지면서
남은 몇 가닥에는 무서리 내려앉고
질풍노도 날이 내게도 있었나 싶다

언젠가는 삶의 끝 올 것이니
정리하고 떠나는 게 섭리여서
돌고 돌다 결국 왔던 그때 그 자리쯤에서
어제 바라보면 파동 일으키던
우리의 지난날들 우리게 다가온다

양월陽月
- 옛 집터

넉넉한
덕천강을 앞에다 두고
달빛이 따스한 동네라고
양월이라 이름한 선조들의 예지력은
시간을 초월했다

내 철부지의 자디잔 상념의 조각들이 흩어져있고
우리에게 영혼을 주신 부모님이 사시던 곳
한 폭의 그림같이 단아하던
작은 집이
어느 날
흔적조차 없어졌고

여기가 큰 방쯤
저기가 사랑채쯤
여기는 타작마당이 있었고
옆에는 헛간과 뒷간이 있었지
마당에 자리했던 왕감나무는
어디로 떠났을까

꿈속에서도 나타나고

눈 감으면 다가서는 흔적 없는 내 옛집
남강댐 보강 공사로 수몰선에 걸려
사정없이 구겨진
그 옛날 내 집

이제는 기억 속에
잠자는 옛 집터에서

우리는
실향민이 되어 하늘을 쳐다본다

* 월간 《국보문학》 게재, 신인상 등단 시

집성촌 고향의 풍경

산을 뒤에 지고
산의 날개 속에 안긴 곳
강은 고향 앞을 늘 그렇게 흘러
아늑한 풍경이 그림으로 새겨진 곳

고요 속에 새벽이 묻혀 있는 날이면
지금 막 잠을 깬
이웃집의 개가 짖고
목청을 길게 뽑는 장닭이 홰를 치는데

네 것과 내 것이 구분이 없던 고향
필요하면 가져가고 되돌려 주던 곳
집성촌의 이웃은 모두가 친척이다
멀어야 13촌

모두 살가운 이웃이며 친척인데
이주移住해 온 타성도 연장자면 아제 형님
시골 고향은 모두가 친척이다

그러나 불어온 물질 만능의 시류에
싱싱한 쏘가리처럼 퍼덕이던 정들도
어쩔 수 없이 퇴색되고 옅어진다

3부

맥문동

동백꽃 지다

길고도 끈질기던
삼동 찬바람이 창문 넘을 무렵
늘 푸른 동백 한 그루
닫힌 봉오리 활짝 여는 시간

계절은 아직
마당 한 편에서 서성거리는데
세상 밝히는 꽃들의 미소는
흔적 없는 사람의 그리움이다

덜 익은 삼월 바람 메마른 가지마다
탐스러운 꽃을 환하게 피우는데

세상에 열흘 붉은 꽃 없고
삶 속으로 희로애락 섞여 오가는 건 자연의 법칙

꽃샘바람 지난 뒤에
빨갛게 뿌려진 잔해를 본다

더러 마르고
더러 밟혀 찢긴 꽃들
햇살 속에 누워있다

벚꽃 피던 날

늘 그 모습 그대로 변함없이
봉오리 달고 꽃샘추위에도
몸을 맡기는 나무들

줄지어 열병하는 행렬 속에
아직 여린 하얀 꽃 몇 송이가
길을 밝힌다

세월이 시간의 파도 헤친 뒤
연분홍 꽃물결 출렁이는 꽃 숲
삼월 햇살 속에 미소 밝은 꽃이다

밤을 새운 달빛 품을 벗어나
잠 깬 아침 따사로운 해가
아름드리 꽃나무 세상을 밝힌다

꽃은 평화다
살포시 한 미소고
영광이며
세상의 행복이다

그리움의 의미

계절은 떠남을 숙명으로 안다
흘러가는 시간 그 사이로 바람 불어와
그리움 하나 잉태한 우리네 지난날들

모든 건 언젠가 떠날 때가 있는데
치유가 어려운 가슴앓이 오기 전에
아쉬운 얼굴을 피해 떠난다면
응어리진 파편 하나쯤 있겠지만

때가 되어 떠나는 건 필연이어서
돌아볼 이유야 없지만
저만치 앞서가는 미련 하나 때문에
가던 길 멈춘다

계절은 잎과 꽃 피우고
오색 향연을 베풀다가
설한풍 부는 날
성숙의 시간 가슴속에 재운다

우리도 어제처럼 살아오다
그리움의 깊은 속 알지도 못한 채
계절처럼 그렇게 떠나지 않겠는가

기다림의 시간 · 1

겨울 산은 한 시절 화려함을 추억하며 서 있다
비록 지금은 헐벗고 있어도
속으론 무언가를 채우며 기다리고

빈 가지 바람에 서걱대는 날도
언젠가 다가올 포근한 그리움 하나 있어
삭풍을 이겨내며 자리 지키는데

언 땅 아래 지표에 생명이 꿈틀댄다
숨죽이며 견디어 온 건
세상사 모든 건 때가 있기 때문

굳이 남쪽에서 남풍 불어오지 않더라도
모든 건 때 되면 제 할 바 하게 되고
산도 나무도 비록 지금 황량하게 서 있지만
전부 버린 게 아니라서

때 되면 찾아오는 순환하는 진리 하나
이건 불변의 법칙이기에
바람을 맞으며 묵묵히 기다린다

꽃의 일생

꽃 가지마다 나비로 앉아 있다
작은 바람에도 날개 펄럭이며
하늘 향해 날아가다 길섶에 앉는다

긴 이별을 위해 그리움의 향을 피운다
돌 틈새 작은 꽃도
벌 나비 안달하던 화려한 꽃들도
시들긴 마찬가지

언제나 봄 하늘 햇살은 따스하다
꽃은 날개 펴고 햇빛을 마시다가
새로운 날 마중물 되기 위해
들에는 들꽃
산에는 산 꽃들
날개 접으며 흙으로 돌아간다

지엄한 자연 현상 거역할 수 없는 법
누구나 다가오는 이별을 위해
살아있는 모든 것과 우리는
시간 속을 걸어간다

맥문동麥門冬

위장이 일상이 된 세상에서
사람들은 모두
가면을 쓰고 세상 살아간다
자기 속은 마음 깊숙이 넣어두고

아닌 것도 그런 듯
틀린 것도 맞는 듯
식용버섯과 독버섯이 비슷하고
민물고기와 바닷고기도 비슷하듯
비슷하지만 아닌 건 아닌데

고고한 선비의 자태 닮은 난초
난초 닮아가다 옆으로 빠진 풀
닮았지만 난초는 아니다

꽃대 하나에 자주색 꽃이
위에서 아래로 여러 송이 피는 풀
향기는 없지만
위장이 일상이 된 세상에서
위장된 사람들보다야 보약 같은 풀
맥문동
뿌리는 약초다

목련꽃 지다

산을 베개 삼아 봄 동산에 누워있다
길게 발 뻗어 기지개 켜면
봄 햇살이 가지마다 봉오리 매만진다

바람 견디고 눈비 맞으며
삼동 칼바람 견디어 오다
눈부신 하얀 꽃 피워낸다
산통 찢어지는 아픔 견디며 꽃 피운다

세상이 꽃 속에 몸을 숨겼다
꽃들의 시간이 지나면
소리 없이 사라질 꽃의 향연
꽃잎은 바람 속에 묻혀 어디로 갈까

세상 어느 것도 영원할 수 없는 것
제한된 시간 속에 머물다가
화려함 간직한 채
그 모습 그대로 흔적 없이 사라지면 좋겠다

밤꽃 피는 날에

언덕엔 아직 봄날 머무는데
설핏 다가온 계절
초여름 햇살은 날개 파닥인다

자욱한 꽃들 향기 바람에 날린다
달면서도 달지 않은 그윽한 꽃 냄새
꽃이 향수를 불러온다

피어있는 꽃들 내 영혼 흔들어 깨운다
밤꽃 피울 때면 말없이 떠났다가
잠든 내 영혼 곁으로
불현듯 찾아올 여인 기다린다

산은 산마다
언덕은 언덕마다 꽃을 안고 있다
그 꽃 곁에서 서성대는 사람들
잊힌 어제를 찾고 있을까

봄은 우리 곁에 잠시 머물다 떠나버리고
성급하게 찾아오는 여름 속에
햇살은 꽃 피워 세상 밝힌다

달면서도 달지 않은
그윽한 향기 날리며
잠든 영혼 흔들어 깨운다

비 내리는 날

비가 내리면 멀어져간 내 유년 어느 날이
물안개 속으로 환한 웃음 날리며 다가온다

빗줄기 산기슭을 돌고 돌아
가는 골 저 깊은 계곡 사이 침잠해 가는데
하얀 옷 걸친 산은 꿈꾸는지
내밀한 이야기를 속으로 간직하고
자욱한 운무 속 전설처럼 서 있고

마음 다스리며 내일의 청정함 기다리는
우리에겐 기다림이 있어 행복하지만
지나간 어제는 주홍 글씨로 또렷히 남아
숙명으로 살아온 우리네 지난날
회한의 나날들 고요 속에 잠겨간다

하늘과 대지가 서로 화합하는 빗줄기 쏟아지면
나무들은 튼실하게 살아갈 자양분 생성하고
깊숙한 계곡 사이로
빗줄기의 자욱함이 가슴 속 헤집으며
하얗게 줄을 서서 산으로 걸어간다
물안개 속으로 그리움이 안겨 오고
되돌아오지 않을 유년의 그날 끝없이 그려준다

뿌리

사계절마다 각기 다른 얼굴로
우리를 안아주고 보듬어 주던
때로는 지지고 볶고 부대끼며 살던 곳
양지쪽 자리한 남새밭에는
정구지 하얀 꽃이 하늘하늘 피었고
장다리꽃 노랗게 무리 지어 있었지만
그때 이게 유채꽃인 줄 몰랐다

여기 우리 조상이 혼을 묻었고
선산 김씨 집성촌 이웃들 남이 아니다
올라가면 한 뿌리 피를 나눈 우리 집성촌
한 줄기 한 혈족이다

농번기가 아니어도
소매 걷고 도와주던 이웃 인심들
쳐다만 봐도 꿀처럼 정 흐르던 미소 띤 얼굴들
언제부터인가 하나둘씩 늘어나는 빈집들
거미줄이 휘장 치는 세상으로 변했구나

만나고 헤어지고
그리 사는 게 우리 인생이어서
마음만 남겨놓고 그렇게 떠나간다

봄의 정원에서

먼 산
뻐꾸기 한 마리 목이 쉬는데
자연석 주춧돌 아래쯤으로
우리네 봄은 익어가고 있다

닫힌 사립문 두드리는
폭신한 바람 한 점
시골집 뒤란에
두릅나무 한 그루 눈을 틔우고

계절은 세상을
봄 햇살에 담궜구나

살아가면서

우리의 삶이란 건 항상
물처럼 바람처럼 그렇게 흘러가는 것
지나고 나면 언제나 빈자리
그러나 또다시 다가오는 것

아기가 자라 어른이 되고
어른은 늙어 영원으로 떠나지만
산도 나무도 바위도
경망한 인간들이 파괴하지 않는 한
언제나 그 자리에서 지켜본다

아이들이 도란도란 속삭이던 어느 날
속삭임도 웃음도 사라지고
사춘기가 오면 속에 잠재했던 마그마
용암으로 분출하기도 하지만
그렇게 자라나 세상 속 혼자서 헤쳐가다
저녁노을 물드는 어느 날
어제를 반추한다

강물도 바람도 왔다가 지나가고
언젠가 떠나야 할 우리 짧은 인생
그렇게 흘러가는 게 삶이다

세상을 살면서

우리는 동물들과 달라서
눈이 뵈지 않는 경계구역을 만들었고
그 속에서 어울리며 질서를 지켜간다

연륜들은 단순한 해年의 흐름이 아니고
숱한 고난의 강을 건너온 훈장이다
담금질 된 쇠처럼 강인한 당당이어서
스스로 질서를 만들고 세상은 유지한다

수많은 날 속에 고난의 늪을 헤쳐온 오늘
누군가 앞지르며 달려 나갈 것이지만
신성불가침의 영역들이 파괴되는

오늘날 감히 넘볼 수 없던 엄격한 경지가
절대적인 권위는 아니었기에
서로를 보호하고 보호받는 영리한 존재다

이렇게 만들어진 질서가 무너질 때
너와 나의 존재감에 생겨난 상처는
서로의 몫인 줄 알면서
오늘도 우리는 세상 속을 걸어간다

여정

걸어가고 있는 이 길은 끝이 없다
가고 가다 보면 결국 여기로 오고
영원히 끝없어 보이긴 하지만
여기가 끝이 아닌 시작이다

무심코 흘러가는 시간 사이로
사람들은 제각각의 표정을 하고
길을 걸어가고 있다
저 수많은 사람 어디로 가고 있나

우리가 걸어가는 인생 여정에는
고비가 파도처럼 몰려온다
비껴가면 또 다가오고
또다시 넘어가면 산처럼 막아서는 거대한 벽
누구나 겪으면서 넘어야 하는 벽

멀고 먼 행로 속에서
우리는 길을 가며 살고 있다
가다 보면 언젠가는 다가올 끝을
생각 속에 지우면서

안개 낀 아침

시야 끝으로 수묵화 여백이 적셔진다
하늘 저 멀리 햇살은 모습 감추고
물기 머금은 시간 아프게 흘러간다

시계 제로의 오늘
코로나바이러스 때문만 아니다
오늘이나 내일도 우리 거친 삶은
안개 끼거나 걷히거나 매한가지
나무가 바람을 맞고 있다

언젠가 걷힐 어둠 밖으로
햇살은 청명하게 부서지겠지만
엎어지고 넘어진 작은 사람들
바이러스 하나 때문에 웃음을 잃는다

형체는 있지만 잡히지 않는 안개
흐릿한 연막 사이 마스크로 무장한
약한 사람들이 터전으로 나선다

몇 시간 줄 서서 얻은
마스크 한 장에
모두를 맡긴 우리

수묵화 여백처럼 공허로 채워진 아침
때가 되면 세상은 예전으로 돌아가
제 갈 길 가겠지만
우리네 삶 어디든 있긴 하다

코로나가 무너뜨린 이 세상
분주하게 뛰어도 언제쯤 안개 걷고
맑은 하늘 마주할까

저무는 날

떠나야 할 시간 앞에
차마 떨치고 떠나지 못한 잔상 하나
내 발목을 잡는가

마지막 한 장으로 마무리되는
올 한 해 쌓인 날들이
어제의 벽면에 달려있는데
흐르는 시간 잡을 수 없어서
그저 지켜보는 자연의 흐름이다

어느 산 능선에서 불어오는 바람인가
계절은 몸 뒤척이며 꼬물꼬물 내게로 온다
사람들 종종걸음으로 바삐 달려가고
마지막 달력 한 장 바람에 펄럭인다

사실 갈 것들 이미 다 떠났고
올 것들은 이미 와 있는 이 시간
아쉬움에 서성대는 그림자가
마른 가지 사이 그렇게 걸려있다

햇살 좋은 날

햇살은 순수 속살 노랗게 드러내며
내 머리께로 흘러내린다
내 키보다 낮은 담장 아래에는
햇살 보듬고 파릇한 잎을 펴는 봄날 새싹들

파동 일으키는 햇살은
오염되지 않은 시골 마당에 내려앉으며
양지쪽 봄 동산에다 꽃을 피운다
무지개색보다 더 황홀한 모습으로
내일 인생 향기를 가져오고

울 어머니 겨울 동안 쌓인 묵은 먼지 터시던 날
아련한 추억들이 내게로 걸어온다
빨랫줄에 걸쳐진 이불 사이로
유년의 나는 그 속에 얼굴을 묻었고
햇살 포근하게 데워준 이불 속은 평화였다

산 넘고 바다 건너
우리 집 작은 유리창 넘어온 햇살
해맑은 모습을 하고서
모두의 가슴속에 행복 심고 있다

후회

늘 선물 드리고 싶었지만
마음뿐이고 드리지 못했다
그게 천추의 한 되어 가슴 아프다
나를 있게 해 준 부모에게 무엇 드렸나

언제까지 더 높은 하늘처럼
우람한 바위처럼
언제나 엄숙한 산처럼
나를 보호하고 보듬어 줄 것 같았던
아버지 어머니께 아무것도 드린 게 없다

후회하며 오늘을 살고 있다
뒤늦게 상다리 부러지게 차린 제사상보다
생전 물 한잔이 효도라는 걸 느끼는 지금
환갑도 못 지내신 아버지는
진달래꽃 속으로 걸어가셨고
팔십 중반 떠나신 어머니는
국화 향기 속을 걸어가셨다

두 분께 무엇을 드렸나
지금 와서 후회해본들
부질없는 짓 가슴만 아프다

존재의 끝

존재하는 건 부존재 의미도 있음을 안다

생명을 유지하고 숨 쉬며
생각하고 웃고 우는 우리
동물도 식물도 똑같은 운명을 가지고
같은 시간 같은 하늘 아래 살아가지만

존재하는 모든 건
언젠가 사라져 없어지는
필연의 숙명을 지니는데
죽을 만큼 사랑한 사람도 그렇다

내게 생명과 삶 나눠주신
우리네 부모님 위로 거슬러 오르면
끝없이 이어진 족보 속 조상님
분명 존재하였기에 내가 있고
피붙이 형제가 있는데
모두 어디로 가셨는지 흔적이 없고

존재와 부존재 현실 속에
우리도 언젠가 사라져 잊힐
운명 속에 사는 오늘

그리움 하나

그렇게 갈 거라면 말이나 하지
수많은 날 살아 가슴속에 쌓여
옹이가 되었는가

늘 그 모습 그대로
늘상 그 음성 그대로여서
속도 모르고 살아온 지금에서야
관솔이 되어 타버리는 옹이를 만나

그냥 있으면 알아
속 뒤집지 않아도 알아주겠지
지금 세상은 들추지 않으면 모르는 법
내가 나를 알릴 때 세상은 몰라도
내가 너를, 네가 나를 알 수 있는데
그렇게 떠날 거면 말이나 하지

어느 하늘 아래 살아도
늘 그 모습 그대로
늘 잔잔한 그 음성 그대로
살짝 나를 숨기고 그렇게 살아가며
가끔 이쪽 하늘 바라보겠지

4부

가을인가 했는데

4월의 눈

하늘 열리는 계절
꽃은 저 먼저 와 있다
봄 마중 꽃 마중 가야 하는데
가지 않아도 때 되면 찾아오는 신묘함

꽃은 새가 되어
무수한 새가 되어 앉아 있다가
바람 불어오는 날
연분홍 눈이 되어 어디론가 날아간다
새가 되어 날고 있다

꽃은 눈이 되어
내 가슴 언저리에도 가득 쌓인다
지붕 위에도 아스팔트 포도 구석에도
바람이 몰고 와 쌓은 눈송이들
꽃은 눈이 되었다

이제 여름을 마중한다
애달프게 찾아가지 않아도
저절로 왔다가는 꽃들은
여름에게 자리를 내주고
흔적조차 없이 사라진 봄눈의 날갯짓

9월 어느 날

미처 가지 못한 뜨거운 햇살 하나가
한낮 창가에 아직도 서성대며
내 작은 꽃밭에
과꽃이 환한 미소 피우는 날

지난여름
사생결단 된더위에 시달린 목련이
정신을 반쯤 잃고 착각한 이 초가을에
소담스러운 꽃을 피우고는 얼굴 붉힌다

지금쯤
양지바른 산 능선엔 단풍 물들고
차가운 바람 불어야 하는데
지구도 태양도 방향을 잃었는지

시민공원 더 넓은 광장
우거진 나무도 시간을 초월한다
그늘 사이로 오가는 사람들
잔인한 불볕더위에서 벗어나
회심의 미소 지으며
억새꽃 곱게 피울 가을 산을 그리워한다

태풍 전야

알 수 없는
먼 곳에서 달려오는
거대한 자연의 용틀임
신음하는 지구엔
한 점 위안
시건방진 지구민에게
던져진 한 방 경고
아직도 자연에 도전하는
우둔한 지구민들

가을인가 했는데

염천 복더위 산 넘은 뒤
가을인가 했는데
계절은 여전히 그 자리 머물고

아직도 한낮 햇볕 따가운데
조석으로 옷깃 여미게 하는
바람 한 줄기

언제부턴가 가을은 은근히 왔다
잠시 머물다가 사라지는 계절이어도
산마다 오색 물감 뿌려놓는다

늦더위에 익어버린
단풍 아닌 낙엽 바스락대며
마당을 뒹굴고
아직도 떠나지 못한
햇살 하나 지붕 위에 서성대는 날

가을인가 했는데
한낮 햇살 늦여름에 머문다
가지마다 남은 잎새들
오색 그리움 한 아름 안고 언제쯤 올려나

마음 하나

벗어 놓고
털어내지 못한
진실 하나
가슴속 재워놓고
가끔 꺼내본다

조용히 웃는 모습
드러내지 않은 심성
속에 감춰진 절제된 마음
무서운 줄 몰랐다

속 감춘 활화산
활동처럼 품은 진실
털어내고
벗어날 때 있을까

어쩌다
혼자 꺼내 보는 마음
전할 수 있을까

가슴 예찬

봉곳한 비너스 눈이 시리다
아름다움 이전에
인류를 창조한 성스러운 본향

누구도 범접할 수 없는
유일무이한 인류 존속 근원에
영원한 사랑 솟는 모성의 화수분
버려도 절대 버릴 수 없는
영원불멸 분신에 허용된 금단구역이다

누구에게도 함부로 보일 수도
허용할 수도 없이 성스러운
솟대가 지켜주는 소도蘇塗
소중하고 귀한 두 개 철옹성에 가두고
내 전부인 분신에게 아낌없는 샘물이다

엄숙한 환희를 갖춘 상징
생명의 근원 비너스 가슴
봉곳하게 넘치는 모성이다

봄 향기

두꺼운 겨울 장막 헤치니
어느새 봄이 와 있다

바람은 차지만
언 땅 헤치고 나온 모란 새싹
앙증맞은 아기 손 닮았다

세상은 지진에 코로나에 고물가
러시아의 명분 없는 전쟁에
치솟는 화병 주체하기 어렵지만
자연은 묵묵히 제 할 일을 하고

창밖에서 고개 들이미는
봄은 나를 보듬는데
그리운 얼굴 하나
하늘에 머문다

마음 기우는 날

실속 잃은 허망한 일만큼
서글픈 게 없다는데
성숙한 봄 삼월 중순 무렵

언덕마다 개나리 목련꽃
세상 밝히는데
어느새 벚꽃도 팝콘 터지듯
환하게 피는 사이로
더러 시들어 떨어진 꽃잎 애틋한데
눈에 밟히는 작은 얼굴
하나가 왔다 사라진다

세상 달관할 나이에 와서도
아픔 하나 어찌지 못하고
동산에 꽃잎 지듯 가라앉는 마음
왜 그런지 안쓰럽다

강은 언제나

불원천리 소리 없이 흘러와
지나온 길 되돌아가지 않고
늘 가던 길 묵묵히 가고 있다

ㄷ자 그리기도 하고
C자를 그리기도 하며
S자, ㄱ자 그리며 흘러가는 건
평야 만들어 생명체 안으라는
조물주의 지혜다

언제나 여유롭게 흐르는 강은
숱한 생명 보듬어 안아주고
생명수를 공급하며
생명체가 살아갈 터전을 만들면서
한결같은 모습이지만 분노하는 강

우리는 알면서도 모른다
그 강이 주는 무수한 고마움을
뒤돌아보지 않고 그렇게 가고 있는
저 강의 깊은 속을

겨울비 내리다

시간 틈서리로
계절이 몸을 숨긴다
만산홍엽들이 꽃을 피워
산천 물들이는 날

시샘하는 비는
지칠 줄 모르는가
비는 쉼 없이 내리고
젖은 단풍잎 사이로
시간은 줄지어 흘러간다

한 해를 정리해야 하는
십이월 첫날
부질없는 비에
가을은 자리를 양보한다

차가워진 숨결이
시간 틈서리로 파고들어
계절은 비에 젖어
파랗게 떨고 있다

시간 속의 계절

흐르는 건 시간이 아니고 우리다
하늘이 까마득히 높아만 가는 날
선명한 자태 시간 속에 묻으며
다가오는 모습들 꽃으로 피어난다

햇살 받아 홍조 띤 과꽃밭 사이로
불어오는 바람에 꽃들은 거부의 몸짓을 하고
잊고 버려야 할 것도 많지만 오늘 속을 달린다

우리에게서 멀어지는 하늘에는
무심한 구름이 흘러가고
자태 자랑하는 꽃들은 햇살 속에 찬연하다

꽃들은 어느 날
아무도 모르게 우리 곁에 다가와서
수줍은 모습을 하고 바람 속에 서 있다

가을 들판으로
구절초의 진한 향이 바람 속에 묻어오면
사위어가는 세상의 언덕에서
시간을 헤치며 그렇게 피어있고
우리는 무심코 달려간다

그리움 둘

낮이면 햇볕 따뜻하고
밤이면 달빛 찬연한 곳
골짜기는 저마다 이름 달고서
수많은 시간 동안 여기를 지켜오고

작은 동네에서 귀가 빠진 우리
살 찢기는 아픔 견디며
어머니가 우릴 보듬어 주신 곳

늘 꿈을 꾼다
사천시 곤명면 본촌리 316번지
마당에는 아버지가 심은 왕감나무 한 그루
사랑채 앞에는 발갛게 익어가던 물앵두
코끝 간지럽던 백합의 진한 향을
나는 늘 꿈속에서 보고 있다

꿈에서는 어린이 모습이다
모성 회귀 본능처럼
수구초심 간절함이 있어
갈 수는 있지만
가야 할 이유가 없는 곳

그리움 하나 가슴에 품었다
태어나고 자란 곳
생각하면 목이 마른다
눈시울 뜨겁다

지금도 햇볕 따뜻하고
밤이면 달빛 교교한 곳
언제나 귀향을 꿈꾼다
양월의 포근한 골谷 그리워한다

기다림의 시간 · 2

삶은 기다림의 연장
천 길 벼랑 내려보는 심정으로
오늘을 살며 무언가 기다린다

때로는 부질없다는 걸 알면서도
포기란 패배 너머 사랑 기다리는 희망 품으며
스쳐가는 시간 뒤에 숨어서 보고 있다

믿음의 순수가
배반의 쓴 잔 되어 올 수도 있지만
우리네 지난至難한 삶이란 게
늘 믿음이 혼재하는 기다림이어서
막차를 타고 허겁지겁 올지 모르는 사랑 때문에
숨 막히는 시간을 방 속에 가둔다
기다림이 있어 행복하긴 하지만

섶으로 날아드는 불나방 심정이 되어
오늘 뜨거운 마음 되어 기다리며 서 있다
그래도 삶이란 게 기다림의 연속이어서
지금이 행복하다

도시인의 삶

매연 속 헤치며 찾아오는 계절
경외의 눈으로 바라보지 않는다
그저 때 되면 찾아오고 때 되면 떠나간다
사람 역시 기다리지 않아도 왔다가 떠나는데

자연과 어울리며 살아야 하는 우리
자연에 기대어 자연의 부분으로
계절조차 잊고 살아가는
도시의 사람들

꽉 조인 삶은 자연을 거슬리며
어쩌면 거꾸로 살아간다
여름에는 냉방기로 가을을 살아가고
겨울에는 난방기로 여름을 살아가는
청개구리 같은 도시 사람들

해마다 계절은 우리를 찾아오는데
불러도 가지 못하는 삶 속에서
사람들은 자연과 어울리며 살고 싶지만
애써 시선 돌리는
녹록지 않은 도시인의 삶이다

봄 이야기

사랑 기다림이라 했다
바람이 몰고 온 이 겨울 마지막 냉기
그 앞에서 옷깃 여미는 날
우리는 사랑의 계절 봄을 기다린다

북풍한설 이겨내며 기다린 끝에
창 두드리는 봄은 베란다에
붉다 못해 익어버린 군자란의 화려함 헤집으며
황홀한 햇살 동반한 꽃바람으로 분다

사랑의 계절 봄이라 했다
얼었던 대지는 녹아서
새싹을 틔워 꽃을 피워낸다

꽃은 사랑이다
긴 기다림 마다치 않고
끝내 꽃 피워낸 봄은 사랑이다

꽃은 사랑의 결실
기다림이고 보람이다
햇살 포근히 감싸고 내리는 날
열린 창으로 꽃향기 봄 향기 몰려온다

비우는 삶

산다는 건 생각하면 행운이다
내 의지로 세상 온 건 아니지만
산다는 건 온전히 나만 누리는 행운이어서

살아가는 과정 중 오가는 인연들
너무 다가가면 집착이고
너무 떨어지면 회피여서
어느 것 하나 마음 담아두지 못하고
물처럼 흘러가는 우리네 사는 과정

나무가 잎새 버리듯 마음 비워야 한다
비우지 않으면 채울 수가 없어서
모두 비우고 맹물 같은 마음으로 오늘을 살아간다

심연의 깊은 곳에 쌓아둔 감정 하나까지도
남김없이 비우자
태어나 치열하게 사는 것도 행운 아닌가
내일 우리 삶도
오늘처럼 평온할 거라는 믿음 가지고
비울 건 비우고 채울 건 채워간다

살아가는 법

사람들은 저마다 하나쯤 가진
굴레를 벗어내지 못한다
가슴속에 쌓아놓고 표출하지 못한 채
오늘도 각자 방식대로 살아가는데

울창한 숲속 작은 나무도
살아가는 공식이 있어서
끼리끼리 모여 내밀하게 통한다
흔적조차 모호하지만 당당한 삶

영역을 지켜야 하는 건
사람이나 짐승도 본능이어서
다가오는 것은 경외 대상이다
나와 우리 가족을 살아가야 하기에

그렇게 살아가다
자연의 모든 것 때가 되면 떠날 텐데
내가 너를 안 보면 그리운데
네가 나를 안 보면 어떨까

네가 안고 있는 굴레 내가 모르고

내 가슴의 굵은 점 네가 모르듯
사람은 언제나 서로를 모른 채
각자 방식대로 그렇게 살아간다

이별離別

창밖에
굵은 비 쏟아지던 날
애달픈 가슴 쓸어내리며
그 사람이 떠나간다

하늘도 울어 비 내렸고
천둥도 번개도 같이 울었다
돌아서는 발걸음도
보내는 마음도 무겁겠지만

가야 하는 그 길 최선이라면
보내야 하는 게 진정이라면
아쉬워도 보내야지
슬퍼도 보내야지

아쉬움으로 울 때
비도 같이 울었다
나도 같이 울었다

착각

길 가다가 약간 뚱뚱해서
휘저으며 걷는 어머니를 보았다
달려가서 엄마하고 불렀더니
뒤돌아본 모습은 낯선 할머니

엄마 닮은 모습 보기만 해도
엄마 이야기 듣기만 해도 불쑥 눈물이 난다
못다 한 불효자가 이 무슨 망발
생전에 잘하지

어느 날 내 몸 아파 헤맬 때 엄마 꿈꾸었다
아파트 현관으로 찾아오신 어머니
거실에 앉아 있는 나를 보고
"야 야 이제 가자"
엄마도 이 아들 그리웠나 보다

하늘나라 떠나신 지 몇 년
지금도 길 가다
조금 뚱뚱한 모습 보면 착각한다
먼 곳으로 떠나셨는데도 달려가서
엄마라고 불러본다

후회 · 2

단 하루만이라도
우리 곁을 다녀가신다면
못다 한 효도 다 하겠노라는
속 깊은 의미 몰랐었는데
홀연히 찾아온 영원한 이별 앞에서
절규하던 마음 때는 늦었다

영원히 산처럼 바다처럼 지켜줄 줄 알았는데
자식이란 천륜의 끈 하나 믿고서
가슴을 태워준 철없던 우리

연분홍 벚꽃 속으로 걸어가신 아버지
국화꽃 향기 속으로 걸어가신 어머니
되돌아오지 않을 먼 길 가셨다

준비 없이 찾아온 이별 앞에서
정신줄 놓아버린 우리
꿈속에서라도 다녀가시면
못다 한 한마디 드릴 것인데

5부

사랑하며 살아가기

내 하나의 그리움

살아가면서
만나고 스치는 수많은 인연
모두 내 전생의 인연은 아니어서
가슴속에 담을 수 없지만
그중에 눈 맑은 그 사람
그리움 남겨주며
사근사근 정겨운 사람
마음 깊이 자기를 감추어서
속을 내보이지 않는 사람

어느 날
한마디 말없이 사라지고는
내게 남긴 오직 하나의 정으로
살아가면서 깊이 각인된 사람

그리움 하나에
미움은 둘

폭염 속 입추

내리쏟는 열기 산천을 달군다
겨우 고개를 지탱하던
선홍빛 칸나꽃 몇 송이
폭염 피해 얼굴 돌리다가
한순간에 무너져 내린다

생기 없는 꽃송이 고개를 숙이고
그냥 그대로 바스락 낙엽으로
가을 시작 알리는 오늘
아직도 하늘은 뜨겁고
사정없이 말라가는 세상

이별 순간

살다 보면
맘에 없는 말
불쑥 나올 수 있는데
돌이킬 수 없는 말 한마디

끈 떨어진 인연
수소 풍선이 되어
흔적 없이 날아가 버리네

허심虛心

비 내리는 날이면
떠나고 싶다
비 맞은 청포도 싱그러운
그런 곳으로 떠나고 싶다
마음 맞는 친구와 동행이면 더 좋고
아니 눈 큰 강아지라도 안고 가면 되지

유달리 긴 장마 속
어김없이 찾아온 휴가철
비 내리는 도심지 벗어나
산이든 바다든
훌쩍 떠나 꿈꾸고 싶다
산도 바다가 아니어도 좋다
훌훌 털고 떠나고 싶은
비 내리는 일요일

떠난 뒤 남는 것

왔으면 떠나고
만나고 헤어짐이
우리네 삶 아닌가

가을도 와서 떠나는 건
윤회의 하나여서
등 돌린 계절 붙잡을 수 없지

오색 물든 산야가
몸을 묻는 이 계절
두 눈 시리도록 현란한 색깔로
바람에 떨어져 날리는 낙엽에
마음 실어 보낸다

떠나고 되돌아올 이 가을
그리움 하나 가득 안고서
다시 내게 오기를

섣달 끝날 단상斷想

나이테 하나 더 포갠 날
어김없이 동녘 밝아올 겁니다
새 달력 걸며 다짐한 많은 희망
지는 햇살 속으로 사라졌지만
또 한 해 기대를 띄웁니다

지구가 존재하고
태양 빛이 발하는 한
영겁 세월 속에서 오가는 해
사실 인간이 줄 그어놓은
작년과 올해라는 프레임 속 가슴앓이지만
그 속에서 느끼는 삶의 의미 깨우칩니다

시간 경계를 향해 어둠은 짙어지고
마지막 하루 속을 걸어갑니다
지나온 추억 감당할 만큼 안고 싶습니다

내일이 되면
그리운 사람
보고픈 사람에게
전화라도 해야겠어요

한순간

겨우내 닫힌 옷자락 사이로 꽃바람 불어오면
무리 지어 나르는 연분홍 꽃잎들
애틋함 비길 데 없는데
유난스레 짧은 봄꽃의 화려함
우리네 인생 닮았다

윤슬같이 반짝이는 화려한 전성기는 짧다
천방지축 한 때인 십대 이십대 지나
젊어서 모은 돈 병원에 쏟아붓는
황혼길은 멀어서

그리움도 미움도
정 하나에 휘둘리는 사람들
속 깊은 심성이야 비길 데 없지만
지나고 나면 모두 헛된 것이거늘

우리의 계절은
언제 왔다 갔는지도 모르고
잠깐인 인생길 영원할 것 같지만
찰나다

가을 보다

주어진 여유만큼 하늘 우러르면
계절은 저만치서 내게로 오고 있다
가슴 한 가운데쯤에는
아직 축적되지 않은 어제가
미동도 없이 자리를 지키고 있는데
만산홍엽이 바람을 품에 안고
이만치 다가선 가을 속에 묻혀있다

시간은 어김없이
우리 주위를 한 바퀴 돌고서는
어제 그 자리에서
가쁜 숨 다스리며 멈추어 섰다가
어디론가 한없이 서둘러 가고 있고
계절은 가슴속 깊은 곳에 파고들면서
기억 속 멀어져간 그리움 하나
나에게 안겨준다

강물은

낙조 시간쯤에
해는 기진한 모습 되어
길고 깊은 능선에다 고개 묻는다

석양의 산모퉁이 돌아가는 강은
작은 바람 한 점에 파문을 일으키고

물결 부딪치는 강 언덕에 오르면
오래도록 두 손 꼭 잡을 우리가
석양 속에 서 있다

하루를 접고 고개 넘어가는 햇살이
슬프도록 붉은 건
혼신으로 살아온 오늘이 있어서다

돌아보면 어둠은 모두를 숨겼다
우리가 서로 보듬어 안을 때
찰랑이며 흐르는 강물도
흔적을 남기지 않고
그렇게 가고 있다

겨울비 내리는 아침

춥지 않은 동짓날
앞산 가리며 비는 내리고 있다
새벽을 헤치며 내리는 빗방울
비는 차가운 바람을 거두어 간다

별도 달도 없는 긴 겨울밤
까마득히 먼 하늘 멀리서
추적대며 소리 없이 내리는 겨울비

나무는 움츠린 채
유령처럼 어둠 속에 서 있고
나무들 사이마다 날개 펴는 아침 안개
그 사이로 도시 사람들이 길을 나선다

어둠은 온몸 누르는 피곤을 덧칠한다
한없이 벌어지는 선하품은
의미 없이 따라붙는 그림자 같은 것

사람들 모두
지금 저 어둠을 숙명처럼 걸치고
빛이 사위어가는 가로등 사이로 걸어가고
비는 어두운 도심지를 적시고 있다

계절 속에서

내게 주어진 여유만큼 넓은 하늘을 보면
얼굴 하나가 다가온다
가슴 한구석에 아직 충족되지 않은
어제가 애틋하게 자리하고

시간은 어김없이 이 계절을 안고
우리 곁을 휘돌아가서는
어제 그 자리에서 가쁜 숨 몰아쉰다

계절은 바쁘게 어디론가 서둘러 달려가고
때로는 가슴속을 아프게도 하지만
기억 속에 멀어져간 그리움 하나 있어

그리움은 아픔이다
지나가는 세월처럼 아픈 줄도 모르지만
언제나 아픈 게 사랑이고
우리의 시간이다

그리움 두고 가다

떠남은 허전하고
보내는 사람 아쉬움 가득한데
파도 되어 밀려오는 그리움에 하늘만 쳐다본다

마당 풀 한 포기
담장 타고 오른 담쟁이넝쿨도 가슴속에 담았다
뒤돌아보는 눈 안개로 젖는 시간
떠나고 보내는 마음과 마음들
다가온 운명 거역할 수 없어서

서까래 사이마다 까만 그을음과
도토리 키재기한 기둥의 실금들
가갸 거겨 바둑이 서툰 글공부 흔적
큰기침하시던 아버지 사랑방도
깊은 물에 잠기겠지

사지가 멀쩡한 사람들
몇 푼 이주비 공손히 받아들고
공시가로 주어지는 액면가 보상비에
어디로 떠나는가

그리움 본향 두고 가기 아쉬워
흐린 눈 비비며
식솔의 눈을 잡고
석양 신작로 어디론가 걸어간다
가라니까 떠나는 작은 사람들
모두를 두고서
그렇게 고향과 이별하고 있다

비 내리는 날

비가 내리면 멀어져간 기억 속 어느 날이
물안개 속으로 환한 미소 날리며 내게 다가온다

빗줄기는 산기슭 돌아가는 골
저 깊은 계곡 사이 침잠해 가는데
내밀한 어제 이야기를 속으로 품어 안고
자욱한 운무 속 전설처럼 서 있다

내일 청정함을 소원하는 우리
기다림 있어 행복이야 하지만
주홍 글씨 또렷하게 남은 이야기들

숙명으로 살아온 우리네 지난날
회한의 날로 고요히 주무시는 아버지 깨워
호국원으로 이사를 하고 난 뒤
하늘과 대지가 화합하는 빗줄기 쏟아진다

빗줄기 자욱함이 가슴속 헤집는다
하얗게 줄 서서 산으로 걸어가는 빗줄기 속으로
되돌아오지 않을 부모님 모습
가는 골 깊은 곳에 모습 드리운다

사랑하며 살아가기

사랑한다는 건
또 하나 외로움 만드는 어리석은 일
같이 있어도 너는 결코 내가 될 수 없고
나 역시 네가 될 수 없어서다

사랑한다는 건
서로 존재를 확인하는 일이긴 하나
죽고 싶도록 그리워해도
내가 너 대신 죽을 수 없고
네가 나 대신 죽을 수 없듯이

사랑한다는 건
서로 공허함을 새삼 느끼는 일
소유할 순 있어도
영원할 수는 없어서

사랑한다는 건
어리석은 짓인 걸 알고 있으면서도
사랑한다는 건 아무리 생각해도
바보 같은 짓을 하고 있다

삶 속에서

해는 동쪽에서 뜨고 서쪽으로 집니다
우주 만물은 태어나면 반드시 죽습니다
오르막 있으면 내리막 있습니다
남에게 피해를 주게 되면 반드시 앙불 당합니다
베풀면 반드시 보은 있습니다
지금 건강해도 아플 때 있습니다
이 모든 건 불변의 진리입니다

지금 내가 언제까지 나라고 경거망동하거나
의기소침은 불행을 가져오는 단초가 됩니다
우리 모두 살아있음에 만족하고
건강함에 감사하며
같이 웃어 줄 친구 있음을 감사하고
울타리 되어 주는 가족 건강하게 있음을
하늘에 감사해야 합니다
이 모든 것에 감사하며
지금 생활에 자족하며 살아야 합니다

우리는 모두 사라질 것을 예약하고
이 세상 왔음을 망각해서는 안 됩니다
따라서 우리는 모두 시간의 틈새 두고 갈 뿐이지
반드시 떠납니다

솔직히 지금 우리는
먼지같이 미미한 존재에 불과합니다
사라지기 전에 웃으며 만나 소주 한잔 걸치면서
노년의 지금을 추억 속에 담아야 합니다
아니라 부정하고 싶어도 현실은 노년입니다

지하철 무임승차권이 증명합니다
공짜 손님 정말 고마워서 "감사합니다"라고
생각하시면 그건 오해입니다
미안하다고 인사하는 겁니다
석양의 노을 눈부시게 아름다운 것처럼
노년의 우리도 아름다워야 합니다

잊혀 사라진 것

언저리에 새겨진 뚜렷한 모습들
이제는 긴 여운 남기고
기억 모퉁이로 돌아서 가버렸다

한 줄 가는 철근, 한 장 벽돌에도
우리 땀방울과 손때 묻었는데
이제는 산산이 부서져
남항 매립지 깊고 어두운 물속에 잠긴 채
그날의 영화 그리고 있을까

오아시스 음악실, 무아 음악실
서면 안전지대, 백송 음악다방
그리고 노동극장, 북성극장, 삼일과 삼성극장
일명 보림창고인 보림극장
모두 잔해가 되어 마지막 호강의 자리인
덤프트럭 높은 곳에 실려 어디론가 사라졌다

추억이란 영원한 것
마음속에만 머무는 무수한 어제가
향긋하고 구수한 냄새 풍기는 카페로 자리해
영원하고 길고 긴 그림자 끌면서
그 자리에 서 있다

침묵하는 것들

무표정하게 마음을 속으로 감춘
군상들 어깨 위로
못다 한 이야기가 새처럼 내려앉아
세상은 생존을 위해 바쁘게 움직이는데
어디론가 달려가는 숨 가쁜 전철 속에
푸른 꿈 꾸었던 사람들 무표정한 모습 하고
선한 눈 굴리며 덜컹대는
차바퀴 소음을 듣는다

도시의 전철 속 언제나 이야기 넘치지만
어느 쪽이든 채워도 채워지지 않는 무한의 공간
초점과 방향 상실한 채
나는 너를 보고 너는 나를 보고 있지만
사실 어디로 보는지 모르고
서로 몰라서 입 굳게 닫은 사람들
지금이야 떠나지만
기필코 되돌아오는 회귀 본능 있어서
해 질 녘이면 집으로 돌아온다
수많은 것을 보고도 못 본 것으로 하고
무표정한 모습과 구부정한 어깨를 하고
집으로 돌아온다

그건 그리움 때문이다

햇살에 산야가 바스러지는 오뉴월 지나고
목덜미 스쳐 가는 청량한 바람 한 점
가슴이 열리는 계절
가을은 그리움의 계절이다

누구나 하나쯤 가진 이야기
혼자만 간직하고픈 사연은 하나 있다
아껴서 꺼내 보는 오래된 이야기
그건 그리움이라는 거다

얼마쯤 시간이 흐르고 나면
마음속에 쌓인
용도 폐기된 철없는 이야기들
꺼내서 버린다

바람 부는 가을 언덕 위에서
가볍게 꺼내 버릴 수도 있지만
차마 버리지 못하는 것 하나
그건 그리움 때문이라는 거다

산을 위한 기도

산은 각혈하듯 주홍색 꽃 피운다
빨강 노랑 주홍색이 조화 이루어
아방궁을 만드는데

산은 이제 겨울 초입에서
근엄한 표정으로 묵상하고 있다
이제 화려함을 추억으로 남기고 그림처럼 서서는
가진 것 전부 남김없이 돌려주고 있는데

산은
내가 보는 내 맘속의 산은
해마다 오고 가는 계절을
맞이하고 보내면서도 의연하게
당당한 모습으로 서 있는 것 같아도
속으로 잠재워 온 그리움 하나 때문에
속앓이할 것이다

산은 이때쯤이면 모두를 비운다
갖가지 조화로움도
지나고 나면 버리고 비워야 하듯
그렇게 비우며 시간 속을 지켜간다

신의 저주
- 코로나바이러스

총칼 들지 않지만 전쟁이다
오만방자한 인간들이 신에게 대항하며
겸손할 줄 모른다
드디어 신이 칼을 빼 들었는가

애당초 이길 수 없는 전쟁
신과의 전쟁 조금만 풀어주면
이겼다고 생각하는 어리석은 중생들

눈에는 뵈지 않는 그 무엇은
지구촌을 괴멸시킬 작정 했는가
소리 없이 치고 들어온 위대한 바이러스
인간은 길을 잃고 덤벙댄다

전쟁은 전장에서 죽이고 죽는 거지만
지구촌 전부는 허공에다 총질이다
소리소문없이 치고 빠지는
위대한 적군 바이러스여
무소불위 위대한 전사 바이러스여

탐욕에 게걸스러운 인간을 보다못해
매를 든 신 저주하는 우리

가공할 핵무기조차도 무용인 전쟁
최전선은 우주복 같은 방역복 입은
전사들이 막고 섰다

총도 소용없는 전쟁
둘 중 한쪽 지쳐 쓰러져야 끝날 전쟁일까?
오늘도 치고 막는 전쟁은 계속된다

【 시인의 시를 만나면 】

새벽별을 보고 나서

　이른 새벽별을 본다는 건 참 부지런한 사랑의 몸짓을 만나는 일입니다. 김동주 시인이 등단한 지 제법 시간이 흘렀는데 이제야 시집을 발간하게 되었습니다. 무려 102편의 시를 담았습니다. 그러고도 남은 시편이 몇백 편이나 되었습니다. 제가 감히 시평을 하려고 이 글을 쓰는 것은 아닙니다.

　단지 김동주 시인의 시를 만나면 때가 묻지 않은 소년을 만난 기분이 들었기 때문입니다. 그의 글에서는 유년의 추억부터 고향에 관한 이야기, 어머니와 아버지에 대한 애틋한 사랑의 서사까지 펼쳐집니다. 그러면서 물질주의와 사람들의 무관심으로 멀어지는 안타까움을 순수한 감정으로 생각하고 글로 드러내고 있었습니다.

　어쩌면 아직도 이런 사람이 있을까 하는 생각마저 들었습니다. 오로지 글을 쓰기 위해 작은 메모지부터 공책, 이면지 등 천 편에 가까울 정도의 시편을 쏟아낸 유물을 보았습니다. 아직도 탈고하지 않은 우리네 심장 같은 밀림의 숲을 가지고 있는 분이었습니다. 언젠가 보존된 밀림이 삶의 길에서 좋은 결실로 나타나기를 기다립니다.

제1부 「새벽 항구」에서는 지난날 추억 같은 물건과 사실이 지금에 와서 벌어지는 이야기와 함께 어울려 드러나고 있습니다. 「산으로 바다가 올라온다」라는 사실에 놀라고, 「공중전화」에 대한 아련한 기억도 담습니다. 「다른 것과 틀린 것」을 생각하라고 몇 가지 소고小考를 하게 합니다.

제2부 「유년의 강」에서는 「추석 아침」과 「봄날 부전시장」 풍경을 그리고, 새벽별을 보면서 어머니와 아버지를 만나고 있습니다. 그의 유년 시절과 고향에 대한 향수가 차고 넘쳐흐릅니다.

제3부 「맥문동」에서는 꽃 이야기가 지천입니다. 동백꽃과 벚꽃, 맥문동과 목련꽃, 밤꽃이 피고 지는 모습을 「뿌리」부터 이야기하며 살아가는 여러 날을 만나고 있습니다.

제4부 「가을인가 했는데」와 5부 「사랑하며 살아가기」에서는 세월의 흐름을 타고 계절을 골고루 느끼게 합니다. 삶 속에서 그리움을 안고 살아가려는 몸부림을 보는 것 같았습니다.

이렇게 새벽별을 보고 나니 늦게나마 출판하신 것을 힘껏 축하드립니다. 이제부터 머뭇거리지 마시고 더 당당하게 남은 시편을 추스르시라고 말씀드립니다. 여러분과 같이 읽게 된다는 사실이 축복이기를 소원합니다.

김종대 시인
도서출판 예인문화사 대표

새벽별을 보다

김동주 시집

인쇄 2023년 7월 10일
발행 2023년 7월 17일

지은이 김동주
  M. 010-6601-5977 / E. a01066015977@daum.net
펴낸이 김종대
펴낸곳 예인문화사
등록번호 제2017-000008호 (2017.5.4)
  부산광역시 수영구 망미로22번길 49(망미동) 3층
  T. 051) 751-8575 / F. 051) 752-2357
  M. 010-3845-8599 / E. gaserol@hanmail.net

값 10,000원
ISBN 979-11-92010-23-6 (03810)

※ 잘못된 책은 바꾸어 드립니다. 저자와 협의하여 인지는 생략합니다.